LE SIÈGE.

LA LEÇON D'ÉQUITATION.

A B C

D E F

G H I

J K L

M N O

P Q R

S T U

V X Y Z

HALTE.

MINUSCULES.

a b c d e f

g h i j k l

m n o p q r

s t u v x y

z æ œ w

MAJUSCULES ANGLAISES.

A B C D

E F G H

I K L M

N O P Q

R S T U

V X Y Z

MARÉCHAL.

LETTRES MINUSCULES ANGLAISES.

a b c d e f g

h i j k l m n

o p q r s t u

v x y z w &

LETTRES DE RONDE.

a b c d e f g

h i j k l m

n o p q r s

t u v x y z

æ œ w

PATROUILLE.

1ᵉʳ EXERCICE.

Voyelles.

a, e, i, o, u, y.

Consonnes.

b, c, d, f, g, h, j, k, l, m,
n, p, q, r, s, t, v, x, z.

Trois manières de prononcer E.

e muet.   é fermé.   è ouvert.

Leçon, parole. Bonté, Café. Père, Mère.

Accents.

Aigu.   Grave.   Circonflexe sur a e i o u.

Été, prière, âne, fête, gîte, trône, flûte.

2ᵉ EXERCICE.

Syllabes.

A.

Ab-ba, ac-ca, ad-da, af-fa, ag-ga, ah-ha, aj-ja, ak-ka, al-la, am-ma, an-na, ap-pa, aq, ar-ra, as-sa, at-ta, av-va, ax-xa, az-za.

Plusieurs syllabes forment un MOT.

Pa-pa. A-na-nas.

Plusieurs mots forment une PHRASE.

Pa-pa a-va-la l'a-na-nas d'A-nas-ta-se.

L'ASSAUT.

3ᵉ EXERCICE.

E.

Eb-be, ec-ce, ed-dè, ef fê, eg-ge, eh-hé, ej-jè, ek-kê, el-le, em-mé, ennè, ep-pê, eq, er-re, es-sé, et-tè, ev-vê, ex-xe, ez-ze.

Hé-lè-ne a é-té à la pê-che, el-le a bar-bo-té, sa mè-re en a é-té ex-cé-dée.

Sons identiques de E.

Eu, œu, ent, ai, ei, et, est, er, ez.

Al-bert, al-lez a-vec ma mè-re et ma sœur; el-les ai-dent à pe-ser sei-ze bal-les de lai-ne.

I.

Ib-bi, ic-ci, id-di, if-fi, ig-gi, ih-hi, ij-ji, ik-ki, il-li, im-mi, in-ni, ip-pi, iq, ir-ri, is-si, it-ti, iv-vi, ix-xi, iz-zi.

Y a le son de I.

Y a-t-il i-ci la y-o-le d'Hen-ri ?

Y a le son de deux I.

Le vo-y-a-geur a é-té ef-fra-y-é.

Sons identiques du son IN.

Im, ein, eim, ain, aim.

J'ai bien faim et je n'ai pas de pain ! — Viens, pe-tit : ce pa-ni-er est plein de mas-se-pains de Reims ; tu les ai-mes bien, hein ?

LA CANTINIÈRE.

5ᵉ EXERCICE.

O.

Ob-bo, oc-co, od-do, of-fo, og-go, oh-ho, oj-jo, ok-ko, ol-lo, om-mo, on-no, op-po, oq, or-ro, os-so, ot-to, ov-vo, ox-xo, oz-zo.

Le jo-li jo-ko d'Oc-ta-ve est mort à No-vo-go rod.

Sons identiques de O.

Au, eau, eaux, os.

Paul, res-tez en re-pos; ne sau-tez pas; n'al-lez pas au bord de l'eau. Je vais là-haut fer-mer les ri-deaux du ber-ceau de vo-tre sœur Lau-re, elle dort.

6ᵉ EXERCICE.

U.

Ub-bu, uc-cu, ud-du, uf-fu, ug-gu, uh-hu, uj-ju, uk-ku, ul-lu, um-mu, un-nu, up-pu, uq, ur-ru, us-su, ut-tu, uv-vu, ux-xu, uz-zu.

Ur-su-le est une pe-ti-te hur-lu-ber-lu.

7ᵉ EXERCICE.

Voyelles doubles ou diphthongues.

Ai, ia, au, an, ei, ie, eu, ieu, en, ien, ian, io, oi, ion, oin, ou, oui, ui, iun, un, uin.

Di-eu est bon : il a soin de pour-voir à tous nos be-soins ; viens, re-mer-cions-le. — Oui, et so-yons tou-jours ex-acts à le louer aux jours où il l'a lui-mê-me com-man-dé.

L'AIDE DE CAMP.

8ᵉ EXERCICE.

Consonnes doubles.

bl. br. cl. cr. fr. gr. gl.
Blé, bras, clou, crin, frac, grain, gland.

pl. pr. st. tr. vr.
Plat, prix, stuc, trou, vrai.

Le pau-vre Fran-cis a pleu-ré et cri-é en vo-yant ses fleurs flé-tries par la gros-se pluie ; il en a plan-té d'au-tres à l'a-bri du grand pru-nier.

ch. gn. ll.
Chou, grognon, fille.

Le chat cher-che une souris, mais la gen ti-ll-e bête a ga-gné son trou : elle y est bien ca-chée. Mi-non foui-ll-e du bout de sa pat-te, ses yeux bri-ll-ent de fu-reur. N'ap-pro-che pas, Ca-mi-ll-e, il t'é-gra-ti-gne-rait.

9ᵉ EXERCICE.

Ph, son identique de F.

Phi-la-del-phe, em-mè-ne Fi-dèle, et va au pha-re a-vec Eu-phé-mie. Vous y ver-rez un pho-que : c'est un animal am-phi-bie.

Th, son identique de T.

Thé-o-phi-le, ter-mi-ne ton thè-me, en-sui-te nous pren-drons le thé.

10ᵉ EXERCICE.

C prononcé comme *ss* avant E, I.

Cé-ci-le, fai-tes ce-ci, c'est un e-xer-ci-ce u-ti-le et né-ces-sai-re. Et vous, Al-ci-de, ces-sez de vous ba-lan-cer et de faire des gri-ma-ces.

TIRAILLEURS.

11ᵉ EXERCICE.

C, prononcé SS, avant *a, o, u*, par l'addition d'une cédille.

Ça ço çu çou çon.

Ce pe-tit gar-çon tou-chait sans ces-se mon poin-çon : je m'en a-per-çus et je le for-çai de le lais-ser ; mais il le re-prit et se per-ça la main.

C est dur devant *a, o, u*.

La cui-si-niè-re fe-ra cui-re du ca-ca-o pour Co-ra-lie, et du cho-co-lat pour Cons-tan-ce.

Sons identiques de C dur.

Pé-ki di-sait qu'un coq était dans le kios-que ; j'ai cru en-ten-dre : u-ne co-quet-te est dans le kios-que, ce-la a fait un qui-pro-quo.

12ᵉ EXERCICE.

G est dur devant *a, o, u.*

J'ai ga-gné à la lo-te-rie une gar-ni-tu-re de gui-pu-re, un go-be-let d'ar-gent guil-lo-ché et une guir-lan-de de mu-guet.

G, son identique de J par l'addition d'un *e* devant *a, o, u.*

Gea, geo, geu.

J'ai fait une ga-geure : si Geof-froy perd, il me don-ne-ra ses jo-lis pi-geons rou-geâ-tres; s'il ga-gne, il aura mon geai avec la ca-ge et la man-geoi-re de cris-tal.

T prononcé *ss* entre deux voyelles.

L'en-fant sa-ge, qui a a-va-lé sa po-t-ion, au-ra ré-cré-a-t-ion ; le pa-res-seux re-ce-vra une pu-ni-t-ion et n'au-ra pas de prix à la dis-tri-bu-t-ion.

LIBRAIRIE D'AMÉDÉE BÉDELET,

RUE DES GRANDS-AUGUSTINS, 20, A PARIS

NOUVELLES PUBLICATIONS.

LES MILLE ET UNE NUITS,
CONTES CHOISIS,

Aladdin, Ali Baba, Ali Cogia, abrégés et revus pour les enfants. 1 volume petit in 8°, illustré de 12 lithographies.

A LA GRACE DE DIEU ou LES ORPHELINS DE SAVOIE,

Nouvelle pour le jeune âge. 1 vol. petit in-8°, illustré de gravures.

Prix de chacun de ces deux ouvrages.	Fig. noires, cartonné avec une riche couverture en chromolithographie..............	2	80
	Fig. coloriées. id.................	4	»

LES AVENTURES DE DAME TROTTE,

Traduction libre et imitation de l'anglais, par E. Houx-Marc. 1 vol. in-16, illustré de 16 gravures sur bois.

LES TRIBULATIONS DE LA MÈRE GOODY.

Traduction libre et imitation de l'anglais, par E. Houx-Marc. 1 vol. in-16, illustré de 14 gravures.

LES PREMIÈRES LEÇONS,

Nouveaux exercices méthodiques de lecture, suivis d'historiettes, instructions religieuses, prières, fables, etc. 1 vol. in-16, illustré de 24 lithographies.

Prix de chacun de ces trois ouvrages faisant partie de la Bibliothèque du *premier âge.*	Fig. noires, cartonné richement.	1	50
	Fig. coloriées, cartonné très-richement.............	2	25

NOUVEL ALPHABET DES JEUNES NATURALISTES,

Exercices méthodiques de lecture, 25 gravures sur bois. 1 vol. petit in-8°.

Prix : cartonnage riche, figures noires...................	1	40
— — figures coloriées...................	2	»

BIBLIOTHÈQUE DU PREMIER AGE

CHOIX

D'OUVRAGES VARIÉS, INSTRUCTIFS ET AMUSANTS

MIS A LA PORTÉE DES ENFANTS.

16 volumes grand in-16.

Chaque volume, imprimé avec luxe sur beau papier grand raisin vélin, illustré d'un GRAND NOMBRE DE GRAVURES, est cartonné très-élégamment avec une riche couverture. Tous les cartonnages sont couverts d'une enveloppe imprimée.

Prix, avec les gravures COLORIÉES, cartonné.. . **2 fr. 25**
— avec les gravures en NOIR, cartonné. . . **1 50**

Petit Bazar en images, ALPHABET composé de gravures représentant les objets les plus familiers aux jeunes enfants, avec exercices de lecture gradués.

Jeux de la Poupée, avec texte explicatif mêlé de Dialogues, de Contes, Historiettes, etc.

Les premières Leçons, alphabet représenté par 75 sujets gravés, avec exercices sur les principales difficultés de la lecture.

Livre des petits garçons, chasses, pêches, marines et combats.

Les Contes des Fées de Charles Perrault, revus et corrigés spécialement pour les enfants.

Choix de fables de la Fontaine, illustrées, à l'instar de Grandville, par de charmantes gravures.

Petit Magasin des enfants, extrait de l'ouvrage de madame Leprince de Beaumont, contenant : le prince Chéri, les Trois Souhaits, la Belle et la Bête, etc.

Les Tribulations de la mère Goody, traduction libre et imitation de l'anglais, par E. HOUX-MARC.

Aventures de dame Trotte et de sa chatte, traduction libre et imitation de l'anglais, par E. HOUX-MARC.

Les Mémorables fredaines d'un Singe, histoire plaisante, traduction libre et imitation de l'anglais, par E. HOUX-MARC.

Robinson des enfants, aventures les plus curieuses de Robinson Crusoé, racontées par un père à ses enfants.

Gulliver des enfants, aventures les plus curieuses de ce voyageur, extraites de l'ouvrage de SWIFT.

Jeux et exercices des petites filles, représentés par des gravures, accompagnées d'un texte explicatif.

Promenades des jeunes enfants au Jardin des Plantes, avec explications instructives sur tout ce que renferme cet établissement.

Galerie des animaux industrieux, Recueil d'anecdotes nouvelles et de notices curieuses sur l'instinct, les mœurs et la sagacité des animaux.

Fridolin, historiette tirée de SCHILLER, illustrée de gravures, d'après les dessins de RETZTCH, et de vignettes dans le texte.

OUVRAGES DIVERS.

Les Rois de France. 66 portraits gravés, avec notices, tirés des galeries historiques de Versailles. 1 vol grand in-8°.
    Prix : broché.. 10 »
    — reliure toile t. dorée, riche plaque............... 4 »
    — belle demi-reliure, maroq. à nerfs, par Niedrée.... 5 »

Six Gravures de piété, gravées au burin, sur acier, d'après des dessins nouveaux. Ces six gravures, destinées à orner les livres de prières, se vendent, en noir, chacune................................. » 25
    — coloriées avec soin, genre aquarelle.......... » 50
    — en noir, entourage or et couleurs............ » 50
    — coloriées, avec entourage or et couleurs...... » 75

Berquin illustré, l'Ami des enfants et des adolescents. 1 beau vol grand in-8°, orné d'un grand nombre de gravures sur bois et de lithographies à deux teintes.
    Prix, relié en percaline angl., riches dorures t. dorée........... 13

Le Magasin des enfants, par madame Leprince de Beaumont, précédé d'une introduction et augmenté de plusieurs contes, par madame E. Foa. 1 beau vol. grand in-8°, illustré d'un grand nombre de gravures sur bois et de lithographies.
    Prix : relié en percaline, toile. t. d., riches dorures........... 13 »

La découverte de l'Amérique de Campe, traduction nouvelle, par Ch. de Saint-Maurice. 1 beau vol. in-8°, illustré de 120 vignettes sur bois. — Prix : relié en percaline.................... 10 »

Le Bon Génie des Enfants et le Bon Génie de la Jeunesse, par M. d'Epagny. 2 vol. in-8°, se vendant séparément, chacun, relié en toile t. jaspée........................... 4 »

Les Jeunes Industriels, par Miss Edgeworth, traduit de l'anglais par mesdames Belloc et Montgolfier. 8 volumes in-18.
    Prix : broché.. 12 »

Le Livre de la Jeune Femme chrétienne. 1 beau vol. petit in-8°, papier vélin glacé.
    Prix : broché.. 4 »
    — — orné de 4 lithographies.................... 5 »

LES PRINCIPAUX MONUMENTS FUNÉRAIRES

DU PÈRE LACHAISE, DE MONTMARTRE,

DU MONTPARNASSE ET AUTRES CIMETIÈRES DE PARIS,

Dessinés et mesurés par ROUSSEAU, architecte, et lithographiés par LASALLE; accompagnés d'une description succincte du monument, et d'une notice historique sur le personnage qu'il renferme, par MARTY.

1 Fort volume grand in-4°, composé de 84 planches et notices, d'une vue et d'un plan général du Père Lachaise. Prix, broché... 45 »

ESSAI SUR LA LIBERTÉ, L'ÉGALITÉ ET LA FRATERNITÉ,

Considérées au point de vue chrétien, social et personnel, par madame L. DE CHALLIÉ (née JUSSIEU).

1 Vol. in-8°. Prix, broché.................. 4 »

SOUS PRESSE,

Pour paraître en Mars 1850 :

LA BIBLE DU JEUNE AGE,

ABRÉGÉ DE L'ANCIEN ET DU NOUVEAU TESTAMENT,

Par ÉLISABETH MÜLLER,

1 Volume petit in-8°, illustré de 42 gravures sur acier à deux teintes et d'un grand nombre de vignettes sur bois.

Paris. — Imprimerie Schneider, rue d'Erfurth, 1.

www.ingramcontent.com/pod-product-compliance
Lightning Source LLC
Chambersburg PA
CBHW060509050426
42451CB00009B/885